北京奥运场馆出土文物

北京文物与考古系列丛书

北京市文物研究所 编著

科学出版社
北京

图书在版编目(CIP)数据

北京奥运场馆出土文物/北京市文物研究所编著.—北京：科学出版社，2008
ISBN 978-7-03-022186-5

Ⅰ.北… Ⅱ.北… Ⅲ.出土文物-北京市-图录 Ⅳ.K873.1

中国版本图书馆CIP数据核字(2008)第078190号

责任编辑：李 茜
责任印制：赵德静/装帧设计：北京美光制版有限公司

科学出版社 出版
北京东黄城根北街16号
邮政编码：100717
http://www.sciencep.com

深圳中华商务安全印务股份有限公司 印刷
科学出版社发行 各地新华书店经销

*

2008年6月第 一 版　开本：889×1194 1/16
2008年6月第一次印刷　印张：9 3/4
印数：1—1 600　　字数：281 000

定价：168.00元
(如有印装质量问题，我社负责调换)

《北京文物与考古系列丛书》

主　编　宋大川
副主编　张治强
编　委　夏连保　朱志刚　董育纲
　　　　郭京宁　郭力展

序 PREFACE

|北|京|奥|运|场|馆|出|土|文|物|

　　"百年奥运、百年梦想"。承办奥运会是全中国人民的梦想,是展示中国和平发展的一次伟大机遇。作为2008年第29届奥运会承办城市,北京既是经济、社会发展充满活力的国际性大都市,又是举世闻名的历史文化名城,有着3000多年的建城史,800多年的建都史,深厚的历史底蕴和丰富的文化遗产构成了北京独特的人文魅力。因此,北京奥组委提出了"绿色奥运、科技奥运、人文奥运"三大理念。"人文奥运"就是要传播现代奥林匹克思想,展示中华民族的灿烂文化,展现北京历史文化名城风貌和市民的良好精神风貌,推动中外文化的交流,突出"以人为本",努力建设良好的自然和人文环境。

　　奥运会场馆建设是奥运工程的重要组成部分。北京市秉承"人文奥运"理念,严格执行文物保护法律法规,在奥运场馆建设之前,首先进行考古发掘等文物保护工作,着力保护古都历史风貌和文化遗产。根据《中华人民共和国文物保护法》及北京市文物局、北京市奥运场馆建设指挥部办公室联合下发的京文物 [2004] 208号《关于奥运场馆工程建设中有关文物保护事宜的通知》精神,北京市文物局责成北京市文物研究所做好奥运场馆工程建设的地下文物保护工作。北京市文物研究所的考古工作者在大规模基本建设文物保护工作任务十分繁重的情况下,坚持顾大局、识大体,优先为奥运工程服务,集中精兵强将,在三年的时间里组织开展了18个北京奥运场馆地下文物保护工作。

　　北京奥运场馆建设进行的考古工作是贯彻落实"保护为主、抢救第一、合理利用、加强管理"的文物工作方针的具体体现,是加强城市文化遗产保护取得的新成绩,既保护了一大批珍贵的历史文物,取得了令人瞩目的成绩,又为保障奥运场馆建设的顺利进行做出了积极贡献。

宋大川
2008年6月5日

前 言 FOREWORD

|北|京|奥|运|场|馆|出|土|文|物|

　　北京是闻名世界的历史文化名城，其中的奥运场馆分布于海淀、朝阳、石景山、丰台等明清皇城以外的区域。以上区域多位于北京平原和燕山过渡的山前地带，处于北京的西部和北部，即北京的上风向。在中国这个崇尚天人合一的国家，这种地形历来为风水宝地，是古代达官贵人心向的万年吉地。因此，奥运场馆工程的建设中发现古墓葬不足为奇。

　　北京奥运场馆工程正式的文物保护工程始于2004年，先后完成了18个奥运场馆及配套工程中的文物保护工作。文物保护工程完成勘探面积158.2万平方米，发掘面积9787平方米，共发掘墓葬700余座，历汉、唐、辽、金、明、清各代，出土了大量珍贵的历史文物，包括金器、银器、铜器、瓷器、陶器、玉器等1538件。

　　北京奥运场馆的考古工作是在依法对场馆建设范围进行考古调查、文物勘探的基础上进行的。发掘保护工作本着"重点发掘，重点保护"的原则，对多数墓葬进行了考古发掘，对少数墓葬进行了整体迁移保护。文物保护和工程建设之间本着"既利于文物保护，又利于工程建设"的原则，解决了地下文物保护和奥运场馆工程建设的矛盾。考古发掘工作不分季节，在科学发掘的前提下保证进度，为奥运场馆建设争取了更多的时间和空间。

　　考古发掘工作结束后，考古工作者依据《中华人民共和国文物保护法》的有关规定，及时地整理奥运场馆工程考古发掘出土文物资料，于2007年完成了所有资料的整理和编写工作，并出版了《北京奥运场馆考古发掘报告》。

　　如今，为使更多人能够欣赏和深入了解、研究北京奥运场馆建设工程中的文物保护成果，一睹出土文物的历史、艺术和科学价值，我们对北京奥运场馆工程发掘出土的1500余件文物进行了遴选，举元、明、清各代共209件（组）器物编成本书，以馈读者。

张治强
2008年5月30日

五棵松篮球馆

白釉瓷罐	002
青花瓷罐	003
青花瓷罐	004
包金银押发	005
龙形包金铜饰件	005
包金银耳环	006
包金铜鱼饰件	006
铜包金饰	007
银 簪	008
银 簪	008
银扁方	008
银耳环	009
银耳环	009
铜顶戴饰	010
铜 簪	011
铜押发	011
铜 镜	012
四神规矩镜	013
玉如意形簪	014
螭形玉佩	015
鱼形玉佩	015
玉 簪	015
葫芦形饰件	016
鱼形玉佩	016
鼻烟壶	017
顶戴饰	017

国家体育馆

银扁方	020
银 簪	020
串 珠	020
石 球	021
石 球	021
鼻烟壶	021

奥林匹克会议中心

鼻烟壶	024
鼻烟壶	025
龙形金耳环	026
金戒指	026
如意形银簪	027
银 簪	028
银 簪	029
如意形银簪	029
银耳环	030
银耳环	030
银 环	031
银指环	031
铜 饰	032
铜 饰	032
银 饰	033
铜 镜	034
铜顶戴饰	035
鼻烟壶	035

目 录 CONTENTS
北|京|奥|运|场|馆|出|土|文|物

奥运村

青花瓷罐	038
金 簪	039
龙形金耳环	039
铜饰件	040
金饰件	040
金饰件	040
银扁方	041
银耳饰	041
银牌饰	042
顶戴饰	042
翠 坠	043
翠 环	043
翠戒指	044
玉指环	044
指 环	044
玻璃饰件	044
碧玺饰	045
鼻烟壶	045

奥运一期工程

红陶罐	048
绿釉陶罐	049
青花将军罐	050
粉彩将军罐	051
青花粉彩瓶	052
长颈瓶	053
青花瓷罐	054
青花缸式杯	054
紫金釉炉	055
白釉瓷罐	056
白釉瓷罐	057
白釉瓷罐	058
鼻烟壶	059
鼻烟壶	059
包金银簪首	060
如意形包金银簪	061
龙形金耳环	062
金 环	062
头 饰	063
头 饰	063
如意形银簪	064
银扁方	064
琥珀银簪	065
银耳环	065
银耳环	065
银指环	066
锡 盒	066
顶戴饰	066
瓴 管	067
珊瑚珠扣	067
玻璃饰件	067

v

五棵松棒球场

镏金铜簪	070
禅杖形金簪	070
金　簪	071
龙首形簪	072
龙首形簪	073
凤首形簪	074
凤首形簪	075
花蝶形簪	076
花蝶饰	077
金　簪	078
金镶珠双凤纹钿口	078
金耳环	079
金指环	079
金　饰	079
球形扣	080
蝠形钿口	080
金蝶饰	081
金蝶饰	081
金　饰	082
蝶形饰	082
金叶饰	083
镶宝石金饰	083
金　饰	083
包金银挂饰	084
包金银饰	084
金　饰	084
镶珠金饰	085
耳挖形金饰	085
银　簪	086
银耳环	086
银　镯	087
银　饰	087
铜　簪	088
铜　簪	088
铜佛像	089
玉指环	090
戒　指	090
串　珠	090
玉　镯	091
串　珠	092
珊瑚串饰	092
珊瑚串饰	092
坠　饰	093
玉　饰	093
珊瑚饰	094
碧玺饰件	094
碧玺饰件	094
珠　饰	095
珠　饰	095

郑常庄燃气热电厂

瓷　罐	098
青花瓷罐	099
金耳环	100
金耳环	100
银　簪	100
银戒指	101
银手镯	101
银手镯	101

目 录
CONTENTS
北|京|奥|运|场|馆|出|土|文|物

中国科技馆新馆

鼻烟壶	104
鼻烟壶	104
鼻烟壶	105
水晶帽珠	105
帽　珠	105
坠　饰	106
料　珠	106
串　饰	107
玉坠饰	107
翠　饰	107

北京射击场

洗	110
炉	111
瓷　盘	111
童子牧牛青花带盖罐	112
青花云鹤纹罐	115
鱼戏莲青花罐	117
鱼戏莲青花罐	119
瓷　罐	120
瓷　罐	121
耳挖形金簪	122
耳挖形金簪	122
金环饰	122
金泡饰	123
金帽饰	123
包金嘎乌	124
银　环	125
银　饰	125
银　饰	125
铜漏勺	126
玉带板	127
玉带板	128
玉带板	129
玉带板	130
玉带板	131
玉带板	132
玉带板	133
料带板	134
料带板	135
料带板	136
香带板	137
玳瑁带板	138
玳瑁带板	139
环　饰	140
玉环饰	140
环　饰	140
环　饰	141
环　饰	141
串　珠	141
串　饰	142
串　饰	142
串　饰	142
玉　饰	143
玉　饰	143

北京奥运场馆出土文物

五棵松篮球馆

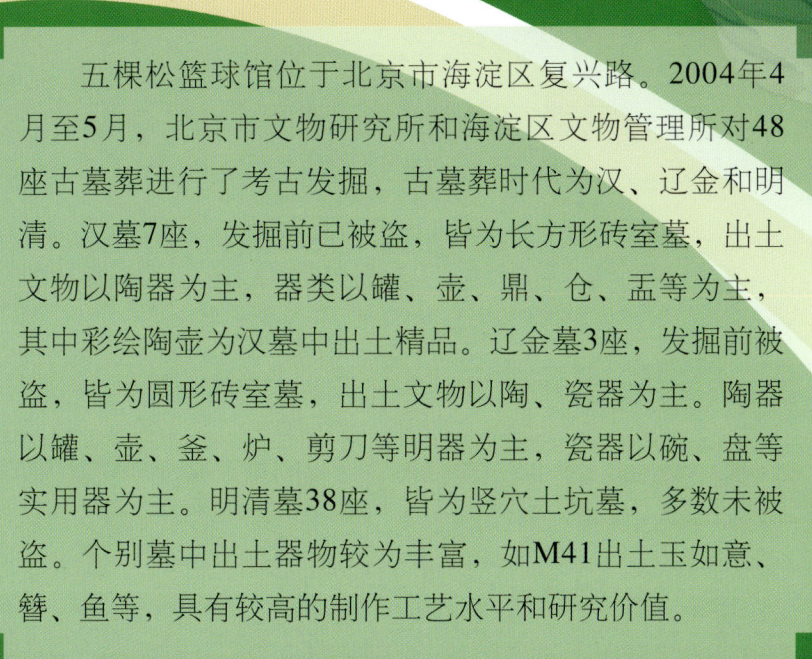

五棵松篮球馆位于北京市海淀区复兴路。2004年4月至5月，北京市文物研究所和海淀区文物管理所对48座古墓葬进行了考古发掘，古墓葬时代为汉、辽金和明清。汉墓7座，发掘前已被盗，皆为长方形砖室墓，出土文物以陶器为主，器类以罐、壶、鼎、仓、盂等为主，其中彩绘陶壶为汉墓中出土精品。辽金墓3座，发掘前被盗，皆为圆形砖室墓，出土文物以陶、瓷器为主。陶器以罐、壶、釜、炉、剪刀等明器为主，瓷器以碗、盘等实用器为主。明清墓38座，皆为竖穴土坑墓，多数未被盗。个别墓中出土器物较为丰富，如M41出土玉如意、簪、鱼等，具有较高的制作工艺水平和研究价值。

○ **白釉瓷罐** 清

口径7.6、底径9.8、高14.8厘米

直口，方沿，直颈，圆肩，上腹外鼓，下腹弧收，平底。通体施青白色釉。

○ **青花瓷罐** 清

口径5.3、底径5.4、高11.1厘米
圆形盖，上有花草纹，腹部饰草叶及葵花纹。

○ **青花瓷罐** 清

口径7.1、底径9.4、高16.9厘米

侈口，圆肩，斜腹，圈足。器身饰花朵、花叶图案。

○ **包金银押发**　清

长10.6厘米

扁长条形，束腰，两端下弧，面饰花草纹。

○ **龙形包金铜饰件**　清

长4.7厘米

作腾飞状，四爪伸展，通体有鳞。

○ **包金银耳环** 清

直径3.3厘米
环形,中间作如意形,并錾刻细弦纹。

○ **包金铜鱼饰件** 清

长8厘米
鱼形,通体有鳞,作漫游状,嘴衔一环。

○ **铜包金饰** 清

宽5.5、高10.4厘米

铜包金,作灯笼状,扁体。长方形盖,两侧各镶嵌一颗白色珍珠,体镂空呈金钱纹,斗形座残。

○ **银 簪** 清

长13.6厘米

镏金，簪体呈圆锥形，簪首作花瓣形，中间有一"福"字。

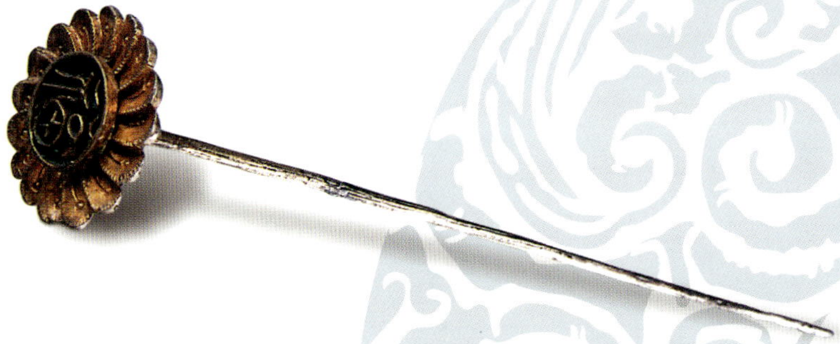

○ **银 簪** 清

长12.6厘米

镏金，体呈圆锥形，簪首作花瓣形，中间有一"寿"字。

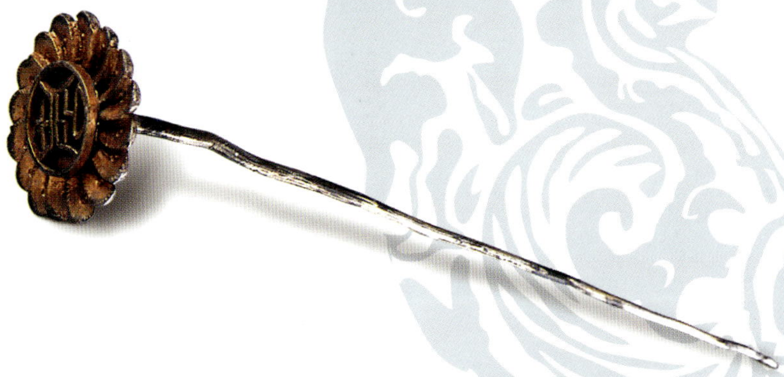

○ **银扁方** 清

长12.8厘米

扁长方形，顶部作蝙蝠、如意结图案，蝙蝠展翅张目，口含一叶片，造型生动。体錾刻"八仙"所持各种物件八样。

○ **银耳环**　清

　　直径3.3厘米
　　环形，饰盛开的牡丹纹、寿字。

○ **银耳环**　清

　　直径3.3厘米
　　环形，饰盛开的牡丹纹。

○ **铜顶戴饰** 清

高5.1厘米

鎏金,金色剥落严重。伞形座,镂菱形纹,莲瓣形托一颗圆球,中间以螺钉连接,底有圆饼形螺帽。

○ **铜簪** 清

长11.5厘米

簪体扁平，尾端较尖，簪首作桃形带叶，桃上作一蝙蝠。寓意"福寿"。

○ **铜押发** 清

长10.2厘米

扁长体，束腰。面锤揲花草纹。

○ **铜 镜** 清

直径9.8、缘厚1.15厘米
圆形,桥形钮,素面,镜面较平。

○ **四神规矩镜** 清

直径11、厚0.6厘米
圆形钮，以双线方栏、博局纹，主区饰四乳、四神纹。主纹外饰一圈斜线纹，镜缘饰波浪纹。

○ **玉如意形簪**　清

长13.1厘米

白玉，色泽温润柔和。簪体宽扁略弧，尾椭圆。簪首作如意形，中部饰"寿"字，簪体镂雕花草纹。

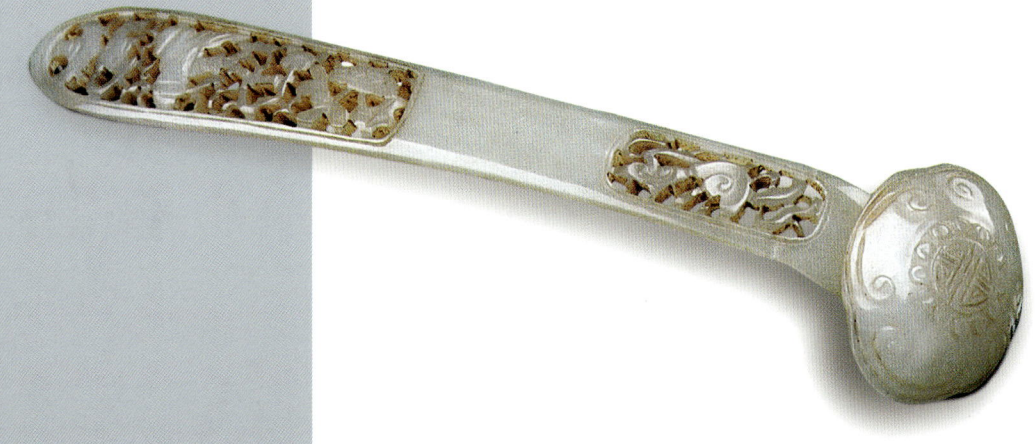

○ **螭形玉佩** 清

长4.5、宽1.9厘米
白玉，上雕一螭，呈卧伏姿态，双目圆睁，圆耳贴背，尾部下垂。

○ **鱼形玉佩** 清

长6.4、宽1.6厘米
金鱼形，噘嘴，平宽尾，通体饰网格状鱼鳞，嘴下有穿孔。

○ **玉 簪** 清

长23厘米
白玉，色泽温润柔和。簪首作耳挖形，下镂雕如意结、花草纹，簪体圆锥形，尾尖锐。

○ **葫芦形饰件** 清

高5.1厘米
残，作亚腰葫芦形，内镶嵌玻璃，边缘以丝绸包裹。大葫芦蔓上结小葫芦，寓意"子孙万代"，葫芦又谐音"福禄"，寓意福禄万代、喜福无边。

○ **鱼形玉佩** 清

长6.2、宽3.8厘米
子母鱼，小鱼紧依大鱼作漫游状，大鱼嘴衔一莲花。

○ **鼻烟壶** 清

直径5.1厘米

玻璃，圆形，扁体，顶端有圆形钮，外用布套、皮革将壶体包裹。

○ **顶戴饰** 清

长5.8厘米

鎏金铜质椭圆形外框，内嵌一颗绿松石。

北京奥运场馆出土文物

国家体育馆

国家体育馆位于北京市朝阳区中一路。2004年8月至9月,北京市文物研究所和朝阳区文物管理所对27座明清墓葬进行了发掘。墓葬皆为竖穴土坑墓,葬具为单棺、双棺和三棺,出土文物有陶器、瓷器、银器、玉石器和玻璃器等。

○ **银扁方** 清

长15.8厘米
体作扁平形，首部卷曲。扁方上錾刻花朵、蝙蝠等纹饰。

○ **银簪** 清

长12.9厘米
扁长条形，簪首錾刻竹节、叶纹，簪尾錾刻花草纹。

○ **串珠** 清

高1.3厘米
石质，绿色，为四棱形，中部有穿孔。

○ 石 球　清

径3.6厘米
石质，青灰色，圆球体。

○ 石 球　清

径4.5厘米
雪花石，白、黄、青灰三色，磨制椭圆形。

○ 鼻烟壶　清

口径1.9、底径2.7、高8.65厘米
玻璃，淡黄色，圆柱形，小口，素面。

北京奥运场馆出土文物

奥林匹克会议中心

奥林匹克会议中心位于朝阳区亚运村西部，勘探面积14万平方米，发掘面积465平方米，共发掘明清墓葬32座。出土有金耳环、金簪、金戒指、银耳环、玉环、银簪、铜钱、铜簪、铜耳环、玉烟嘴、鼻烟壶、青瓷罐、黄瓷罐、黑瓷罐、半釉陶罐、红陶罐、灰陶罐等。

○ 鼻烟壶　清

口径1.15、底径3.08、高7.72厘米
白瓷胎，小口，细颈，圆柱形腹。腹部绘有一人身着斗笠，手持渔杆，远处有房屋座落在山林间。

○ **鼻烟壶** 清

高6.6厘米

白瓷胎,小口,束颈,宽平沿,圆柱形腹,腹饰釉下红彩松、石图案,底有"玩玉"二字。

○ **龙形金耳环**　清

直径2厘米

环形，一端铸龙首，张嘴衔尾状。

○ **金戒指**　清

直径2.35厘米

扁体环形，中间铸二蝠及寿字图案，背錾刻"文华"字样。

○ **如意形银簪**　清

长15.8厘米

簪首作如意形，体扁长，尾尖锐，簪体錾刻梅花图案，背錾刻"天化"字样。

○ 银 簪 清

长17.2厘米

长条形，簪体錾刻草叶纹，背錾刻"庆华足纹"字样。

○ **银簪** 清

长14.3厘米

簪首呈竹节状，悬铸"福"字，簪体细圆，尾尖锐。

○ **如意形银簪** 清

长12厘米

簪首作如意形，簪体扁长，簪尾尖锐。簪体錾刻花草纹，背錾刻"德七"字样。

○ **银耳环** 清

直径2.6厘米
环形，作龙首张嘴衔尾状。

○ **银耳环** 清

直径2厘米
银包金，剥落严重。环面如意形，内錾刻细线纹。

○ **银 环** 清

直径2.2厘米
圆环形,饰竹节纹。

○ **银指环** 清

直径2.3、宽1.1厘米
环体錾刻珍珠地、二龙戏珠图案,联珠纹镶边,做工精美。

○ **铜 饰** 清

长4、宽2.4厘米
作四瓣花叶如意形，其中一瓣上卷。

○ **铜 饰** 清

长2.6厘米
鎏金，作一花朵状，花蕊、花瓣皆有圆形金托，内嵌物已失。花瓣采用垒丝制作而成。

○ **银 饰** 清

宽5.6厘米

中国结形,压印珍珠地纹,背部有环。

○ **铜 镜** 清

直径11.3、厚0.6厘米

桥钮，圆座外饰连弧纹，连弧纹外铸十八字镜铭，可辨"而、日、之"等字，余字锈蚀，内容不明。

○ **铜顶戴饰** 清

高3.9厘米
镂莲瓣形座，上托圆球，以铆钉贯穿连接。

○ **鼻烟壶** 清

高5.5厘米
壶体白玉质，色泽温润，壶体不规则，铜盖中心镶嵌绿色玉珠，盖下悬一铜勺。

北京奥运场馆出土文物

奥运村

奥运村位于北京市朝阳区，西邻林翠路，北邻奥运村路，东邻北辰西路，南邻中国科学院地球物理所。勘探面积16万平方米，发掘面积1066平方米。2005年4月至5月，北京市文物研究所和朝阳区文物管理所对58座清代墓葬进行了发掘。出土文物有陶器、瓷器、金器、玉器等。

青花瓷罐 清

口径6.9、底径10、高15.2厘米

白瓷胎，器表满饰花草纹。

○ **金 簪** 清

长15.1厘米

簪体为圆锥形,簪首以细金丝缠绕成佛手,手指圆而细长,指甲长尖,拇指与食指合拢握一小禅杖。

○ **龙形金耳环** 清

直径2.4厘米

环形,作双龙戏珠形。

○ **铜饰件** 清

长7.7厘米

镏金，椭圆形，中部作一条戏珠云龙，飞腾于云雾之间，双目圆睁，昂首摆尾，造型生动，外围饰攒珠纹。

○ **金饰件** 清

直径1.5厘米

葵花形，中部有圆形金托，内嵌物已失。花魁和花瓣上有穿孔。

○ **金饰件** 清

长2.25厘米

作亚腰葫芦形，两端有环形鼻，中部饰花朵、花叶形。采用垒丝工艺制作。

○ **银扁方**　清

长13.7厘米

长条形，簪首卷曲，上面为一蝙蝠，连角张目，造型生动。体扁平，尾部椭圆，上饰圆形纹及飞舞的蝙蝠。

○ **银耳饰**　清

长5.4厘米

一端作盛开的花朵状，下接细银丝。

○ **银牌饰** 清

直径3.6厘米

圆形，正面中部饰花草纹、网格纹，周围饰攒珠纹、数字、英文字母。背面中部为方形钮，内套圆环，钮下刻"1861"。

○ **顶戴饰** 清

高6.4厘米

塔式座，上托一颗帽珠。底座饰珍珠纹。

○ **翠 坠** 清

长1.6厘米

绿色,桃形,桃叶处有一圆孔。

○ **翠 环** 清

外径2.45、内径0.85厘米

绿色,色泽光亮温润。中间有圆孔,截面楔形。

○ **翠戒指** 清

外径2.25、内径1.55厘米
翠绿色，色泽光亮，环形，长方形戒面，通体素光。

○ **玉指环** 清

外径2.4厘米、内径1.6厘米
白玉，环形，素面。

○ **指环** 清

外径2.35、内径1.95厘米
玛瑙石，红色，环形，素面。

○ **玻璃饰件** 清

长2.8、宽1.8厘米
长方形略弧，面雕刻交叉线纹，中部边缘各钻有1个小孔。

○ **碧玺饰** 清

长5.9、宽4.6、厚2.65厘米
镏金铜累丝托上镶嵌粉红色碧玺,并雕刻螭纹。

○ **鼻烟壶** 清

口径2.4、腹径5.6、底径3.8、高6.2厘米
玛瑙石,扁体近长方形,表面素光,侧面饰卷草纹,壶体晶亮剔透。

北京奥运场馆出土文物

奥运一期工程

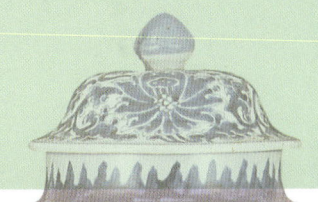

奥运一期工程位于朝阳区奥运场馆中心区内，主要场馆中心区水系、下沉广场、地下车库工程、环线工程等四项一期建设的工程。总勘探面积约58万平方米，发掘面积2357平方米。2005年7月至9月，北京市文物研究所和朝阳区文物管理所发掘清代墓葬243座。出土器物有青花瓷杯、青花瓷罐、五彩罐、粉彩罐、盂、净瓶、鼻烟壶、瓷香炉、砚台、骨簪、银耳环、银簪、铜镜、铜耳环、铜簪。

红陶罐　清

口径8.6、底径9.6、高13厘米

泥质红陶，轮制。窄平沿，鼓腹，下收外撇，平底。

○ **绿釉陶罐** 清

口径9.9、底径7、高12.2厘米

泥质陶，轮制。窄平沿，束颈，鼓腹，平底略内凹。通体施绿釉。

○ **青花将军罐**　清

口径21.4、腹径37.9、底径27.4、高45.4厘米

胎质细白，胎体厚重，釉色清亮，釉面气泡密集。盖面饰三组莲纹，颈与底部饰一周变体莲瓣纹，腹壁绘缠枝莲纹，花纹繁缛。花纹有晕散现象。

○ **粉彩将军罐** 清

口径22.5、腹径39.4、底径24、高48.7厘米

器形硕大，盔帽式盖，胎土细白，胎体厚重。盖绘两组狮戏牡丹纹，颈饰折枝牡丹图案，肩饰如意形莲瓣、菱形锦地纹。腹部绘四组狮戏牡丹纹，狮子姿态各异，彼此呼应。牡丹花、狮子以红彩勾边填色，枝叶用绿彩渲染、局部描金，金彩剥落严重。

○ **青花粉彩瓶** 清

口径4.9、腹径10.7、底径6.3、高22.4厘米

子口盖，平沿，盖顶高拱，宝珠钮。直颈，丰肩，腹部细长，底部略外撇，矮圈足。盖面饰牡丹花朵，以青花枝叶间隔，宝珠钮点青。颈部绘两组花朵，器表满绘凤穿牡丹纹，凤作展翅飞翔状，尾羽呈卷草形，牡丹花头硕大。

○ **长颈瓶** 清

口径3.4、腹径5.7、底径2.7、高13厘米

喇叭口,细长颈,胆形腹,圈足。胎土细白,口沿涂酱色,颈部饰简单的草叶纹,腹绘折枝花卉纹。纹饰疏朗,釉色清亮。

○ **青花瓷罐** 清

口径3.35、腹径7.45、底径4.4、高8.75厘米

短颈，圆肩，腹部略内收，平底内凹。胎土白中略泛灰。肩部饰青花弦纹两周，腹壁绘折枝花卉纹，纹饰疏朗，青花呈蓝灰色。

○ **青花缸式杯** 清

口径7.2、底径3.4、高5.6厘米

杯身呈缸式，卧足。胎土细白，釉色清亮，沿下饰一周圆点纹，外壁绘折枝花卉纹，纹饰疏朗、流畅。

○ **紫金釉炉**　清

口径9.5、底径5.4、高5.6厘米

宽沿，短束颈，扁鼓腹，圈足。上腹饰对称的狮首形鋬耳，灰褐胎，通体施紫金釉，釉色深沉，釉面匀净光洁，光素无纹。

○ **白釉瓷罐**　清

口径6.4、底径7.3、高9.8厘米

上鼓腹，平底略凹。通体施白釉略泛灰，口沿涂酱色釉。

○ **白釉瓷罐**　清

口径7.8、底径8.7、高11.6厘米
扁腹，急收，平底略凹。通体施白釉略泛灰，口沿涂酱色釉。

○ 白釉瓷罐 清

口径9.4、底径7、高12.6厘米

平沿,折肩,圈足。通体施白釉略泛灰,口沿涂酱色釉。

○ **鼻烟壶** 清

口径1、底径1.5、高9厘米

圆颈细长，瓶身呈六棱形，底内凹，口部残留铜质瓶塞。肩颈部饰六组描金蕉叶及青花如意纹。瓶身六面绘红、蓝相间的"喜"字。底篆书"嘉庆年制"四字款。

○ **鼻烟壶** 清

口径2.2、高7厘米

白瓷胎，短束颈，瓶身呈圆柱形。颈部饰折枝花卉纹，瓶身绘青花纹、人物和文字。两位人物装扮戏服形象，执剑者为刘玄德，按剑者为赵子龙。文字为"先主子龙，汉时英杰也。其君臣同志卒有西蜀，亦为千古之鉴"。落款除一"华"字，其余模糊不清。

○ **包金银簪首**　清

长12.5厘米

簪首作盛开的花朵状，花蕊中心镶嵌一颗白色珍珠，周围镶嵌有五颗较小的珍珠，仅存一颗。

○ **如意形包金银簪**　清

长14.35厘米

包金，簪体扁平，簪首作如意形，饰"寿"、蝙蝠图案。

○ **龙形金耳环** 清

直径3.4厘米
作环绕的龙形，背有金托，内嵌物已无。

○ **金 环** 清

直径1.4厘米
金丝卷成环形，六个圆环互相串连。

○ **头 饰** 清

长10厘米

由薄金片、金丝锤揲而成，顶饰一片荷叶，下饰莲蓬，莲蓬上有一盖。整体造型新颖，使用锤揲、掐丝等工艺制作而成。

○ **头 饰** 清

长7厘米

饰一片荷叶，下饰莲蓬，莲蓬内长出叶片。

○ **如意形银簪** 清

长16.2厘米
簪体錾刻梅花纹，簪首作如意形。簪体背刻"尚华"二字。

○ **银扁方** 清

长21.8厘米
扁长方形，簪首卷曲，上錾刻梅花枝叶纹和一只喜鹊，簪首刻"源珍"二字。

琥珀银簪　清

长13.4厘米

簪体呈圆锥形，簪首作莲花形托，内嵌一枚琥珀。

银耳环　清

直径3.5厘米

环形，中部锤揲为盛开的牡丹纹，扁体上锤揲梅花纹。

银耳环　清

直径2.8厘米

环形，铸"寿"字与蝙蝠图案，寓意"福寿"。

○ **银指环** 清

直径2.3厘米
鎏金,环形,面錾刻"寿"字,间饰牡丹花纹。

○ **锡盒** 清

直径4、高7.8厘米
圆桶形,子母口,平底,带盖。外壁错银"保圣堂"三字。

○ **顶戴饰** 清

高5.5厘米
塔式座,上托一颗椭圆形水晶体帽珠。底座饰珍珠纹,下有圆饼形螺帽。

○ **瓿管** 清

宽1.7、厚1.9、孔径1.1、进深3.4、高6.2厘米

淡黄色玉，半圆形，中空，顶作长方形钮，中部有一圆孔。

○ **珊瑚珠扣** 清

直径1.3～1.5厘米

圆珠形，中部穿细铜丝并拧呈环形，另一端作梅花形卯。

○ **玻璃饰件** 清

直径2.1、厚0.9厘米

天蓝色，扁圆形，上饰联珠纹及圆形图案。

北京奥运场馆出土文物

五棵松棒球场

五棵松棒球场位于海淀区五棵松文化体育中心的西南部，勘探面积11万平方米，发掘面积840平方米。2005年4月，北京市文物研究所和海淀区文物管理所发掘古墓葬28座。其中1座为汉墓，27座明清墓。出土器物有银器、铜器、铁器、瓷器、陶器、玉器等；陶器有鼎、豆、壶、盒、仓、罐、执壶、勺、盆、三足盘、甑、扳锅等，其中彩绘陶壶色彩鲜艳，图案为变形云纹；铜器有铜带钩、铜钱等，铁器有铁刀；瓷器有白釉瓷碗、瓷盘等。

○ **镏金铜簪** 清

长18.9厘米
簪首已残，中部镂空如意形，簪体扁平。

○ **禅杖形金簪** 清

长16.2厘米
簪首为金丝焊接成禅杖形杵，并套金环，顶作葫芦状，杖体细长锥形。

○ **金簪** 清

长18.8厘米

簪首扁圆，体扁平，尾尖锐。背錾刻"育华包金"字样。

○ 龙首形簪　清

长15.9厘米

镏金，簪首作云龙戏珠形，以金丝为骨，宝珠、云朵焊接于一体。龙作腾飞状，驾于云雾之上。采用垒丝、锤揲及焊接工艺制作而成，簪体扁圆。

○ **龙首形簪** 清

长15.6厘米

鎏金，簪首作云龙戏珠形，龙作腾飞状，驾于云雾之上，中间嵌一颗粉色宝珠。应为一对，插戴时左右各一。

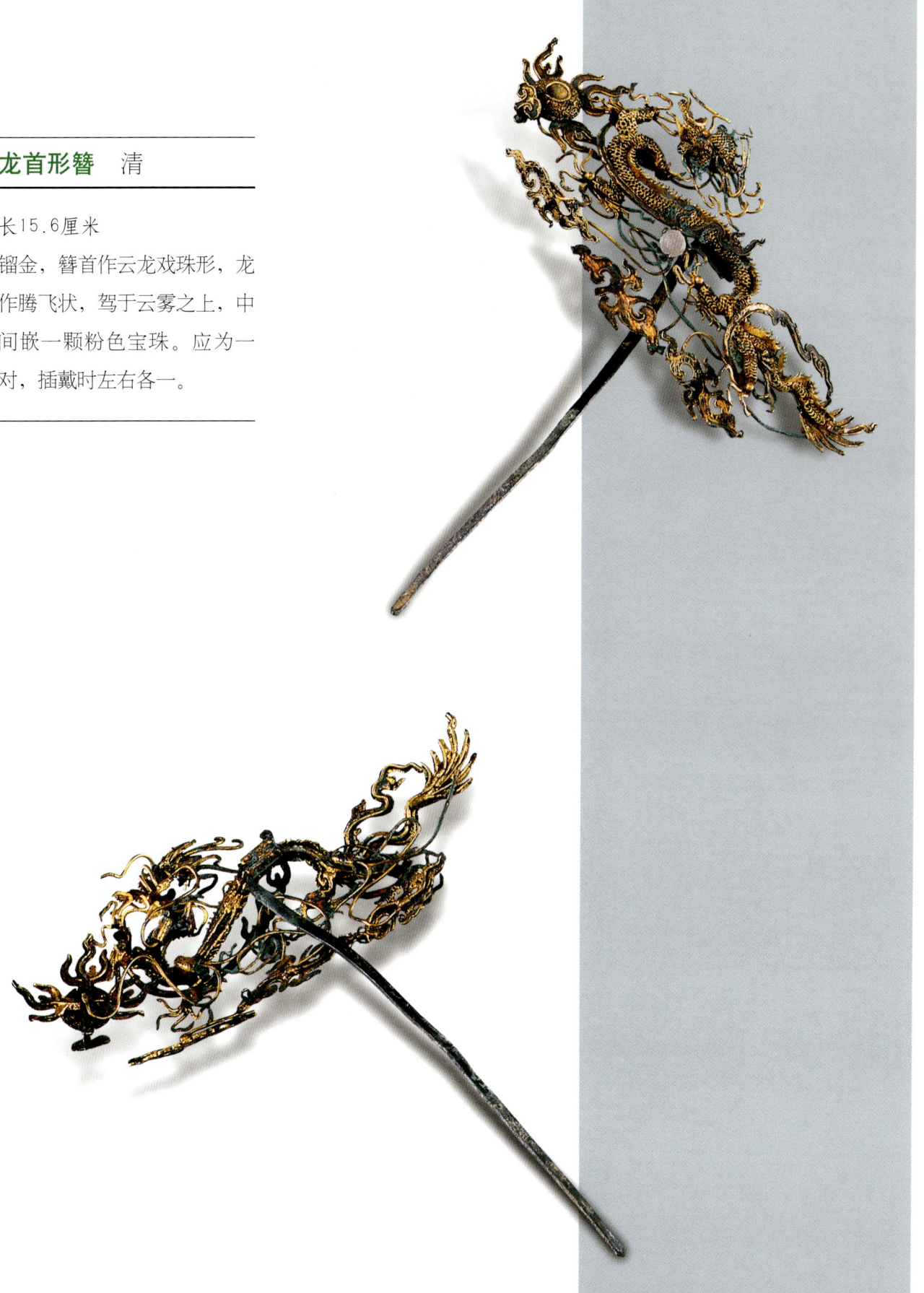

○ **凤首形簪**　清

长17.5厘米

鎏金，簪体细长，尾端尖锐。簪首作凤凰形，呈回首盘旋飞舞的姿态，神态悠闲。凤凰背部有一椭圆形金托，内镶嵌物已失。制作工艺采用垒丝、锤揲、焊接等方法。

○ **凤首形簪**　清

长12.5厘米

镏金，凤凰作回首盘旋飞舞的姿态。凤凰羽翼用薄金片锤揲而成，并焊接于一体，羽翼表面边缘焊细金丝，以表现羽毛间的层次感。凤尾饰一花朵，花瓣用菱形粉色碧玺表现。簪股已失。

○ **花蝶形簪** 清

长18.1厘米

鎏金，簪首花形，上舞飞蝶，整个簪首以较粗金丝为骨，花、叶、蝶焊于金骨之上，花瓣、蝶体原皆镶嵌宝石、珍珠，今多缺失。

○ **花蝶饰** 清

长12.9厘米
镏金，簪首花形，上有蝴蝶飞舞，簪股已失。

○ **金簪** 清

长2.4厘米

簪首作"卍"形,两侧饰流云纹,中心镶嵌一颗红色宝石。圆形簪股已残。

○ **金镶珠双凤纹钿口** 清

长15.5厘米

残,长椭圆形。主体花纹以双凤、荷叶、莲花和莲藕为主。金累丝双凤,中间饰荷花并镶宝石。

金耳环 清

直径2.1厘米

环形，一半细圆尖锐一半为扁体，环面饰梅花形花朵，中间有圆形金托，内嵌物已失。

金指环 清

直径2.1厘米

环形，素面，截面呈半圆形。

金饰 清

长2.6、宽2.3厘米

残，为一花朵形，花蕊镶一颗红色宝石。花瓣用薄金片锤揲而成。

○ **球形扣** 清

直径2.6厘米

扣体作球形，中空，外壁以卷云形金丝焊接而成，六面中心各饰以不同的花形图案。钮为如意形，用金片锤揲而成，并以金丝镶边。

○ **蝠形钿口** 清

长8.3、宽7.6厘米

主体为蝠形，边缘衬以云气，蝠背镶嵌一颗红色宝石，蝠翼及云气上各有金托，内镶嵌物已失。

○ **金蝶饰** 清

长3.8、宽5.7厘米
残,作展翅飞舞状,蝶须卷曲。蝶翅有圆形金托,内嵌物已失。

○ **金蝶饰** 清

长7.9厘米
残,一对,蝶须上扬,作展翅飞翔状。蝶翅镶嵌珍珠,部分已失。

○ **金饰** 清

长2.7厘米
似半盛开的莲花状，中间有一圆托，内嵌物已失。

○ **蝶形饰** 清

长6厘米
残，头前长两根触角，背有金托，内嵌物已失。

○ 金叶饰 清

长9.3厘米

残，似花草，叶面窄长，草筋以细金丝制作成。饰有蝶身，已残。

○ 镶宝石金饰 清

长1.8厘米

残，作火焰形，中间镶嵌一颗白色珍珠。

○ 金　饰 清

长2.4厘米

残，中间有一圆形金托，内嵌物已失，周围饰祥云纹。

○ **包金银挂饰** 清

长3.6厘米
挂饰，边缘突起并饰波浪纹，顶与底部有鼻形环。浇铸而成。

○ **包金银饰** 清

直径1.8厘米
作花朵形，中部錾刻旋纹。

○ **金　饰** 清

高0.7厘米
作四叶瓣花朵状，下有长方形底座。花瓣以金片锤揲或镂空而成，应为簪首，已残。

○ **镶珠金饰** 清

长6.6厘米

椭圆形,中部以白色珍珠串拼成"寿"字,下为双钱纹。以薄金片锤揲底托。

○ **耳挖形金饰** 清

长8.1厘米

作扇形,以金丝缠绕成福寿形图案,下为棱状柄连接耳挖。

○ **银 簪** 清

长10.7、宽1、厚0.1厘米
簪首扁圆，簪体扁平，簪尾
尖锐。

○ **银耳环** 清

直径1.95厘米
一对，以银丝卷呈环形。

○ **银 镯** 清

外径5.2～7.4、内径4.6～6.8厘米

半圆形，作竹节状，每节饰竹叶纹和梅花形图案。以银丝做出竹叶和梅花形轮廓，内填白色料。

○ **银 饰** 清

长1.4厘米

3枚，椭圆形，正、背面皆铸有不同的纹饰。

○ **铜簪** 清

长12.2厘米
簪首作成花瓣形托，内嵌一颗蓝宝石。簪体为细长锥体，簪尾尖锐。

○ **铜簪** 清

长16.2厘米
白玉质花形簪首，镶嵌于圆锥形铜簪体内，簪尾尖锐。

○ **铜佛像** 清

宽8.6、厚6.4、高12.6厘米

镀金,剥落严重。头戴五叶冠,身着袒露,胸前饰项链、璎珞。两手结禅定印并托法轮,座于仰覆莲花座上。其面容和煦,眉眼清秀,双目微垂,神态温和安详。

○ 玉指环 清

直径2.2厘米

碧玉,内有黑色斑点,色泽温润柔和。

○ 戒 指 清

直径2.3厘米

玛瑙,环形,戒面呈长方形。以鸡血红和淡黄色为主,色泽光亮,晶莹剔透。

○ 串 珠 清

直径2.4、孔径0.2厘米

琉璃,绿色,圆珠形,中心有穿孔,侧面另有一孔与此相通。

○ **玉 镯** 清

直径15.6厘米

白玉有土黄色沁斑，镯体雕刻螺旋纹。

○ **串 珠** 清

直径1~1.2、孔径0.15厘米
玛瑙石，圆珠形，中部皆有小穿孔，有红色、黄色、黑色，其色泽光亮，晶莹剔透。

○ **珊瑚串饰** 清

边长0.7厘米
四方形，正背面雕刻线纹，中间有穿孔。

○ **珊瑚串饰** 清

长0.8、宽0.6厘米
磨制呈蝙蝠形，作展翅飞翔状，背、翅雕刻粗犷线条，从头部至尾部有斜行穿孔。

○ **坠饰** 清

长2.6厘米
红色缠丝料器，作"鸡心"形，顶部有穿孔。

○ **玉饰** 清

长2.2厘米
作如意形，曲柄，细线雕刻纹饰，底饰带纹。体有绿铜锈。

珊瑚饰 清

长1.1厘米

长条形，一面略弧，面雕刻"五"字纹，侧面刻凹槽。

碧玺饰件 清

长1.4厘米

淡粉色，椭圆形，面拱起，底平，色泽光亮。

碧玺饰件 清

长1.2厘米

粉色，椭圆形，色泽光亮。

○ **珠饰** 清

长2.4厘米
四花瓣形镏金铜托，内镶嵌一颗椭圆形蓝色宝石。

○ **珠饰** 清

直径2.6厘米
作一圆形花蕊，内嵌一颗红宝石，其周围有圆形金托，内嵌珍珠均失。

北京奥运场馆出土文物

郑常庄燃气热电厂

郑常庄燃气热电厂工程是2008年北京奥运场馆供电附属工程，位于北京市丰台区郑常庄燃气热电工厂院内。勘探面积6.1万平方米，发掘面积45平方米，发掘明清墓葬10座。出土器物有耳环、头簪、手镯、戒指、瓷罐、铜钱等。

NCHANGGUAN

○ **瓷罐** 清

口径8.3、底径9、通高14.2厘米
侈口，圆唇，圆肩，下腹略凹斜收至底。轮制。酱釉色口，表乳白色。

○ **青花瓷罐** 清

口径6.6、底径8.4、通高15.8厘米

侈口，圆唇，略外翻，束颈，圆肩，弧收至底，圈足。轮制。器身印有青花图案，颈部、肩部、下腹印有蓝色纹饰数道，器底印有鸟头图案，器身整体内外施釉。

○ **金耳环** 清

直径1.2厘米
环形，圆柱体两端接口相对。手工打造。

○ **金耳环** 清

直径1厘米
环形，圆柱体两端口相对。手工打造。

○ **银 簪** 清

长11.5厘米
灰白，手工打造。首端錾刻有双耳花瓶，内有一支牡丹花，簪柄呈圆锥形。

○ **银戒指** 清

直径1.6厘米
1对，灰白，手工打造。两端重叠成圆形，中间为扇形平面，刻有"吉祥"、"如意"字样。

○ **银手镯** 清

直径4.85厘米
灰白，手工打造。椭圆形状，两端对接，镯体近似于半圆形，外面通体錾刻两组菊花图案，内侧有铭文"北京万泰足纹"。

○ **银手镯** 清

直径6.4厘米
灰白，手工打造。圆形，一半为绳状，中间串有三只栩栩如生的小蝙蝠，另一半为管状，管表面錾刻五组花、草、蝙蝠、几何图案。

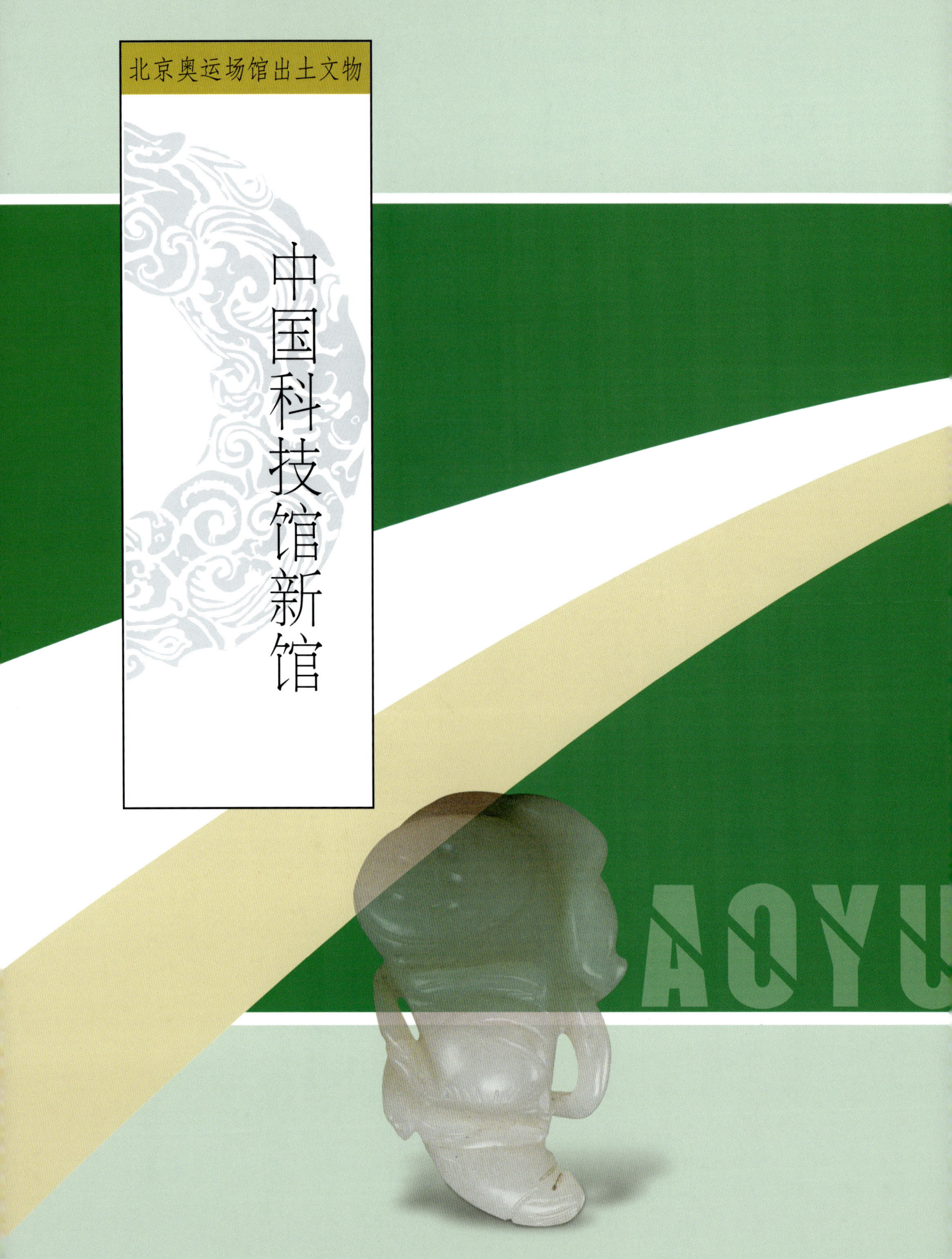

中国科技馆新馆位于朝阳区奥运场馆区域的东北部，西距西湖边约150米，北距北辰一路约150米，东距北辰东路约20米。2006年5月至6月，北京市文物研究所和朝阳区文物管理所对24座明清墓进行了发掘。

鼻烟壶 清

通高5.6厘米

黄褐色釉。直口，溜肩，弧腹，小圈足，器身呈扁平鼓形，两侧刻有条形、椭圆形纹饰组合，壶口用铜制圆形钉状烟勺封口，烟勺呈柳叶状。

鼻烟壶 清

口径1.13、底径1.7、通高6厘米

瓷胎，表饰红、蓝二色。侈口，束颈，折肩，直腹至底略内收，小圈足，器口用铜制铆钉状烟勺封口，器身印有一组狮子戏绣球图案，狮子两大一小，红身，蓝尾，蓝爪，一只作扑球状去叼花瓣绣球，另一只前爪踏绣球呈坐立状，小狮子在一旁作观望状，周围蓝色飘带飞舞，红色火焰燃烧，显示出生机勃勃的场面。

○ 鼻烟壶　清

通高5.4厘米

瓷胎，蓝色。直口，束颈，圆肩，腹弧收，圈足，器身呈花瓣状，天蓝色釉，肩部印步云纹、菱形纹组合，下腹印一周条状纹饰。

○ 水晶帽珠　清

通高4.3厘米

水晶透明。帽珠下为铜制莲花座，莲花托起水晶球，球与座之间有铜钉从水晶球中间穿过。帽顶有铜铆钉固定。

○ 帽珠　清

直径2.8厘米

天蓝色，手工制作。圆形，整体素面，中间有一穿孔。

○ **坠饰** 清

长2.2厘米
玻璃，蓝色，似"鸡心"形，顶部有小穿孔。

○ **料珠** 清

直径1.6厘米
玻璃，粉红色，圆珠形，中部有穿孔。

○ **串 饰** 清

长2.6厘米

碧玺，粉红色，透明。椭圆形，中间扁圆孔穿绳。

○ **玉坠饰** 清

高5厘米

白玉，手工制作，上大下小。整体表达藕根、荷叶、莲瓣和莲心。

○ **翠 饰** 清

长2.2、宽2厘米

绿色，手工制作。椭圆形扁平状。浅刻，正面刻有圆眼、大嘴，脑门刻数道皱纹，鼻下刻三角形纹。

北京奥运场馆出土文物

北京射击场

北京射击场位于石景山区福田寺甲3号院内，东邻西五环北路，南接香山南路，西连八大处北路，北靠翠微山。2006年4月至10月，北京市文物研究所和石景山区文物管理所，对探明的179座唐、辽、金、元、明清墓进行了发掘，出土文物约3800余件。其中明代墓葬163座，为明中晚期太监墓。

洗 元

口径27.2、足径12.8、高8、足高2厘米

龙泉窑瓷器，青色釉，轮制。敞口，平沿，圈足。碗内底部有头尾相对的两条鱼，外侧腹部呈花瓣状，足心有一凸起呈"鸡心"状，内外施釉，有明显水裂纹。

○ **炉** 元

口径13.6、通高8.4、蹄足高3.4厘米

龙泉窑瓷器，豆青色釉，轮制。敛口，平沿略内斜，卷唇，腹部略内凹，平底。下腹周缘印有八卦图案，器内外通体施釉。

○ **瓷盘** 元

口径30.4、高6.2、足高1.1厘米

钧窑瓷器，轮制。莲花口边，敞口，腹斜收，圈足，平底。器腹内外呈花瓣状，内外施釉，足底为素面，有流釉。

童子牧牛青花带盖罐　明

腹径17、底径10、通高21.8厘米

罐盖带钮，饰如意云纹图案。罐侈口，方圆唇，矮束颈，圆肩，鼓腹，下腹弧收，圈足略外撇。器盖印有一组花朵缠枝纹。颈部至肩部印有两道旋纹。肩部周缘印有一组缠枝纹和石榴纹。腹部由三组图案组成，分上中下。上印有一组花草四季豆图案，中间印有一组图案：①牧童，腋下夹一树枝，挽袖，两手牵缰，赤脚卷裤，作用力拉牛状；②卧牛，膘肥体壮，两角对弯，头略低，前后腿弯曲，牛尾下摆，作饱食后休息状；③牧童侧身下蹲，右手拿一树枝，左手扳牛角，光腚赤脚作戏牛状；④牧归图。牧童头梳蒜头发式，略左转，两手举于胸前略向右摆，两手扶横笛，同时牵着牛缰绳，坐于牛背上，牛抬头前左后右抬蹄奔走，牛尾左右摇摆。下印一组花草、石块图案，下腹至底部边缘饰数道旋纹，中间周缘印有重叠式波浪纹，罐底部素面施釉，中间印有长方形章落款"富贵佳器"字样，足边周缘露胎。

113　　北京射击场

北京奥运场馆出土文物　114

○ 青花云鹤纹罐 明

盖径8.6厘米，罐口径7.2、腹径15.4、底径10.2厘米，通高16.7、盖高2.9、罐高15.2厘米

圆盒形盖。上下各两圈弦纹将盖顶和盖腹图案隔开。盖顶为如意云仙鹤，盖腹为如意云。罐直口，方圆唇，矮颈，圆肩，鼓腹，下腹弧收，圈足。颈、肩部饰莲瓣纹，罐腹部主体花纹以仙鹤、如意祥云为主要题材。此罐反映出明代道教题材，罐腹的云鹤象征道教所谓羽化仙登的天界。此罐色泽艳丽、胎质精细。

北京奥运场馆出土文物　116

○ **鱼戏莲青花罐** 明

罐口径8.4、底径10、腹径10、罐高14.4厘米

钮盖,盖上饰如意纹,周缘印旋纹两道。罐直口,圆唇,短束颈,圆肩,鼓腹,弧收,假圈足。颈部饰如意纹一周,腹部饰一组鲤鱼戏莲花图案。鲤鱼有作跳跃状,有作漫游状,水草、鲜花遍布水中。此罐色泽艳丽,造型美观。

北京奥运场馆出土文物　118

○ 鱼戏莲青花罐 明

盖径10.2厘米，罐口径8.2～8.7、腹径16.2厘米，通高18.8厘米

带钮盖，饰一组如意云纹图。罐直口，圆唇，短束颈，鼓腹，弧收，假圈足。肩部饰一周如意图案，腹部有一组荷花、金鱼、花草图案，下印旋纹两道及上下条形纹与树叶组合，器底方印章内有四字"富贵佳器"，器外通体施釉。此罐造型精美，色泽艳丽。

○ 瓷 罐 明

盖径11,罐口径9、腹径16、底径6.4厘米,通高18厘米

淡黄色瓷胎,浅白色釉。盖上圆钮施黑釉,盖沿露浅灰白色胎,盖内侧整体为素面,由凸出的方形唇与罐口相扣。罐直口微敞,方圆唇,矮束颈,圆肩,腹微鼓,下腹斜收,圈足,器内施全釉,口沿唇部露胎,器外施过半釉,下腹至足底露胎,上腹至下腹饰数道黑彩纹。

○ 瓷 罐 明

口径9.1、腹径18.6、底径12.4、通高16.4厘米

灰色瓷胎，浅白色釉。侈口，矮颈，圈足，圆肩，鼓腹，下腹略弧收，加圈足，器内施全釉，器外通体施釉，素底，器外肩部印有凸出器表的竖行"内府供用"字样。

耳挖形金簪　明

长7.55厘米

金质，黄色，手工制作，圆形勺略上翘，与柄之间为一细颈呈螺丝状，勺柄呈圆锥形。

耳挖形金簪　明

长9.2厘米

黄色，手工打造，圆形勺，与勺柄呈直角，勺与勺柄之间有一细颈，勺柄呈圆锥形体。

金环饰　明

直径1.4、孔直径0.6、厚0.2厘米

金黄色，范制，扁圆形体，中间一圆孔。一面呈弧形，一面为平面，通体光滑。

○ **金泡饰** 明

直径1.6、孔径0.6、高0.6厘米

黄色，手工制作，圆帽形，顶部光滑呈弧形，金箔片内裹一圆形骨器，外镶一圆金片，中间钻孔。

○ **金帽饰** 明

帽直径1.3、高0.6厘米，金柄高1、直径0.4厘米，残存木柄高0.4、直径0.3厘米

黄色，手工制作，顶部平，内凹呈圆形，錾刻一"福"字，周缘錾刻有二龙戏珠图案，圆帽下面呈平面，中间镶有圆柱形金柄，中空镶嵌一圆形木柄，已残。

○ **包金嘎乌** 明

项链长40、金盒宽5.2、通高6.4厘米

包金，黄色，手工制作。链上端由錾刻成的大小两朵花组成卡口结构呈榫卯式，一侧用67个、一侧用70个双股金丝弯成滴水形小环相连接，下端各用"S"钩挂有拱形窗口式金盒，金盒正面用一拱形玻璃镶嵌，左右两侧及顶部、背面刻有经文，底座用一条状金片做抽拉开盒用，外侧錾刻花朵飘带图案，金盒上端两侧焊接有金链圆环，金盒内焊接立式小钩5个，为固定物体用，现仅存零星碎物。

○ 银环 明

外径1.4、内径0.8厘米
圆环形，通体光亮。

○ 银饰 明

饰件挂钩长2.7厘米，饰件长3.9、宽1～2厘米
整体镏金，手工制作，正背面錾刻两道似云纹，中间微凸，錾刻花朵缠枝纹饰，饰件中空，镶嵌物不明。

○ 银饰 明

直径1.85、厚0.1厘米
银灰色，范制，扁圆形，周缘有窄轮对称，钻有小圆孔，中间正面微鼓，錾刻似蝴蝶图案，背面为平素面。

○ **铜漏勺** 明

勺体通长17、勺长3.3厘米 铜绿色，手工打造，椭圆形勺，略上翘，勺底中间钻有圆形孔6个，圆勺柄中间刻有螺丝纹，勺柄顶端呈扁圆状。

○ **玉带板**　明

长方形8块：长7、宽2.2、厚0.5厘米；小长方形4块：长2.2、宽1.4、厚0.5厘米；圭形獭尾2块：长8.4、宽2.2、厚0.5厘米；桃形6块：长2～2.4、厚0.5厘米

青白玉，玉带形制完整，共发现20块。玉带板正面呈青白色，润滑平整，质地较细腻，温润晶莹。

玉带板　明

长方形8块：长7.4、宽5.7、厚0.85、边框宽0.2厘米；小长方形3块：长5.8、宽1.1、边框宽0.2厘米；圭形獭尾2块：长14.9、宽5.8、厚0.85、边框宽0.2厘米；桃形6块：厚0.85、边框宽0.2厘米

青白色玉，手工制作，质地坚硬，共发现19块。玉带板采用减地浮雕蟒形图案为主体，配以寿鸟、蝙蝠、花卉等图案。

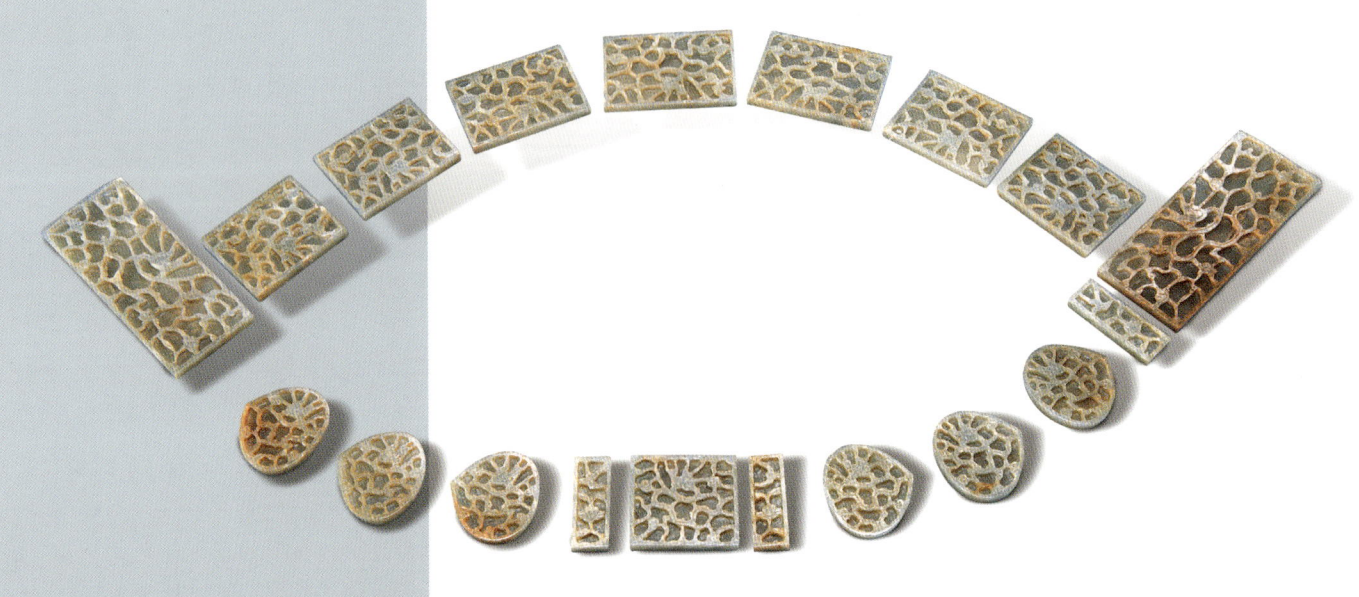

○ **玉带板** 明

长方形8块：长6.6、宽2.25、厚0.7、框宽0.2厘米；小长方形4块：长2.7、宽0.8、厚0.7厘米；圭形獭尾2块：长7.3、宽2.9、厚0.7厘米；桃形6块：厚0.7厘米

青白玉，共发现20块。采用花上压花的装饰手法雕刻而成。纹饰以蟒纹为主体。这副玉带板，线条婉转流畅，纹饰层次分明，立体感强，显示高超的制玉工艺。

玉带板　明

长方形8块：长6.9、宽3.3、厚0.7、四周边框宽0.2厘米；圭形獭尾2块：长8.9、宽3.4、厚0.7、边框宽0.2厘米；小长方形4块：长3.3、宽1.3、厚0.7、四周边框宽0.2厘米。桃形6块：厚0.7、边框宽0.2厘米

青白玉，手工制作，共发现20块。玉带采用留边框，每块带板均用透雕手法镂雕鸟、牡丹图案。采用阴剔阳刻的手法将花鸟表现得惟妙惟肖，反映明代高超的工艺水平。

○ **玉带板** 明

长方形8块：长7.3、宽5.2、厚0.6厘米；小长方形4块：长5.2、宽2、厚0.6厘米；桃形6块：厚0.7厘米；圭形獭尾2块：长12.4、宽5.2、厚0.6厘米

共发现20块，玉质温润柔和，色温青白、光素，有白色芯痕，带板正面剖光，润滑平整，背面钻有与带革相连接的穿孔。

○ 玉带板 明

长方形8块：长6.8、宽2.9、厚0.6厘米；小长方形4块：长2.8、宽1.8、厚0.6厘米；獭尾1块：长8.5、宽2.8、厚0.6厘米；桃形6块：厚0.6厘米

青白色玉，手工制作。玉带形制完整，共发现19块。以青白制成正面光素无纹，质地洁白细腻，温润晶莹，有6块带有黄褐色的沁斑，背面略显粗糙，钻有与带革相连接的穿孔。

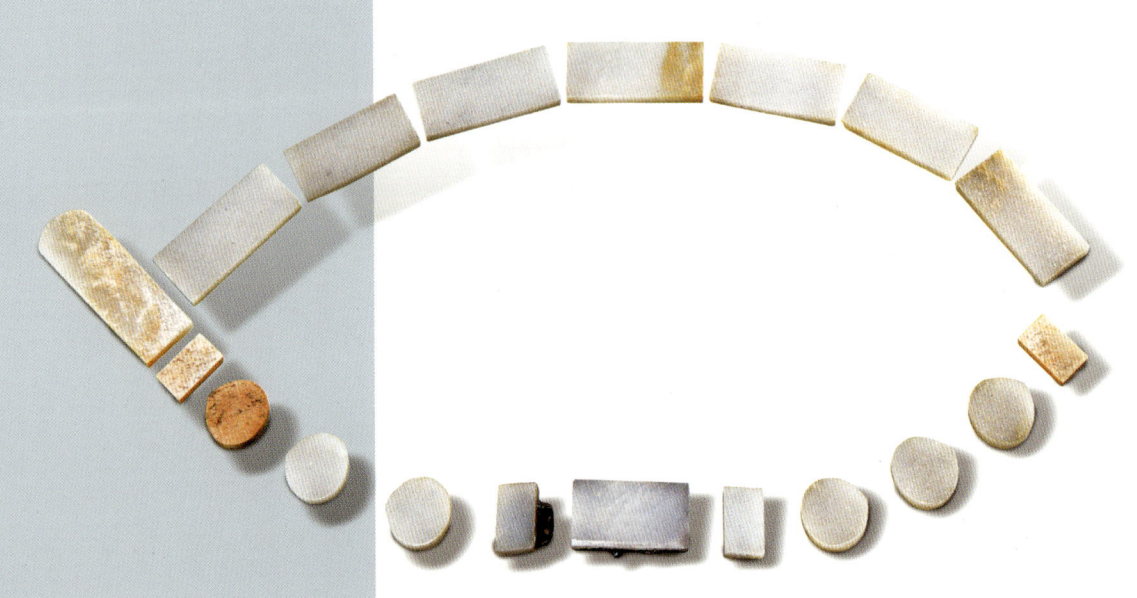

○ **玉带板** 明

长方形8块：长6.4、宽3.7、厚0.7厘米；小长方形3块：长3.7、宽2.1、厚0.7厘米；桃形4块：厚0.7厘米

青白色玉，手工制作，共发现15块。带板正面玉质温润柔和、光素无纹，抛光润滑平整。有5块带有黄褐色沁痕。背面钻有与带革相连接的穿孔。

○ 料带板　明

长方形7块：长7.3，宽4.7，厚0.6厘米；小长方形4块：长4.8，宽1.7，后0.7厘米；圭形獭尾2块：长12.4，宽4.6，厚0.7厘米；桃形6块：厚0.7厘米

玻璃，手工制作，料带形制完整，共发现19块。带板正面平整，有不规则细旋纹并带有小麻点，呈鸡骨白色，背面粗糙，钻有与带革相连接的穿孔。

○ **料带板** 明

长方形8块：长7.1、宽4.7、厚0.7厘米；小长方形4块：长4.8、宽2.1、厚0.7厘米；圭形獭尾2块：长11.6、宽4.8、厚0.7厘米；桃形4块：厚0.7厘米

玻璃，手工制作，料带形制完整，共发现18块。獭尾2块已经断裂，带板正面平整有不规则细旋纹，并有小麻点呈鸡骨白色，背面粗糙，钻有与带相连接的穿孔。

○ 料带板　明

长方形8块：长7.5、宽4.7、厚0.6厘米；小长方形4块：长4.9、宽2.1、厚0.6厘米；圭形獭尾2块：长13.8、宽4.8、厚0.6厘米；桃形6块：厚0.6厘米

玻璃，手工制作，料带形制完整，共发现20块。带板正面平整，有不规则细旋纹并带有小麻点，呈鸡骨白色，背面粗糙，钻有与带革相连接的穿孔。

○ **香带板** 明

长方形8块：长6.9、宽3.4、框边厚0.15、带板厚0.7厘米；小长方形3块：长3.2、宽2.8、厚0.7厘米；圭形獭尾2块：长7.6、宽3.1、厚0.35厘米；桃形5块：厚0.7厘米 铜框，嵌香料块。颜色以黄、绿、褐为主，手工制作，共发现18块。

玳瑁带板 明

长方形8块：长7.1、宽3.5、厚0.8厘米；小长方形4块：长3.6、宽2、厚0.9厘米；圭形獭尾2块：长10.1、宽3.2、厚0.9厘米；桃形6块：厚0.9厘米

玳瑁带，铜包玳瑁，颜色以黄、黑为主，手工制作，采用铜片做边框，外镏金，用楠木板做底托，上镶玳瑁片制成，共发现20块。

○ **玳瑁带板** 明

长方形8块：长8.4、宽2.9、高2厘米；小长方形4块：宽3.1、高2.5厘米；圭形獭尾2块：长10、宽3、厚1.1、拱高2.1厘米；桃形6块：厚0.4厘米

铜玳瑁带，铜包玳瑁，颜色以黄、黑为主，手工制作，"桥拱"式玳瑁带采用铜质"桥拱"式框，内用"桥拱"式托楠木作底托，上包"桥拱"式玳瑁片制成，铜框外残存鎏金，共发现20块。

○ 环饰 明

直外径1.8、内径0.6、厚0.3厘米

玛瑙，淡蓝色，扁圆形体，中间钻圆孔，内镶入金环，一面呈弧形，另一面为平面，通体磨光。

○ 玉环饰 明

外径1.5、内径0.6、厚0.4厘米

白环，镶金，扁圆形体，中间钻孔，内镶一金环，一面呈弧形，另一面为平面。

○ 环饰 明

外径2、内径0.65、厚0.4厘米

碧玉，手工制作，扁圆形体，中间钻一圆孔，镶入金环，在金环周缘刻有对称凹槽，一面呈弧形，另一面为平面，通体磨光。

○ **环 饰** 明

外径1.2、内径0.4、厚0.3厘米

料石，乳白色，手工磨制，扁圆形体，中间钻一圆孔，一面略呈弧形，石内夹有鸡血丝痕，另一为平面，通体磨光。

○ **串 珠** 明

直径1.1、孔径0.1厘米

玛瑙，乳白色，手工制作，圆形珠，中间钻一小圆孔。珠内有黑、黄色石霞，似漫游的金鱼。

○ **环 饰** 明

外径2、内径0.6、厚0.3厘米

石质，圆形体，中间钻孔，一面略带弧形，钻孔周缘内凹，另一面为平面。

○ **串 饰** 明

长1.8、宽2.15、厚0.8厘米
白玉，手工制作，如意形，两面各刻有卷纹。

○ **串 饰** 明

长3.2、宽2.3、厚1.4厘米
墨玉，形似云朵状，边缘刻有云纹，内又刻有卷云纹饰，中间通体刻有扁方孔。

○ **串 饰** 明

长2、宽1.9、厚0.8厘米
白玉，手工制作，长方形体，上下刻有长方形棱，中间钻有长方形孔，一面呈弧形，通体磨光。

北京射击场

○ **玉饰** 明

长8.9、宽8.6、厚0.8～2.4厘米
深绿色，方形，四角雕刻成桃形，正面透雕一组荷叶、莲子、莲花图案，顶部有银挂钩。

○ **玉饰** 明

直径2.5、厚0.1～0.4厘米
白玉，扁圆形面微鼓，中部镂雕"寿"字。